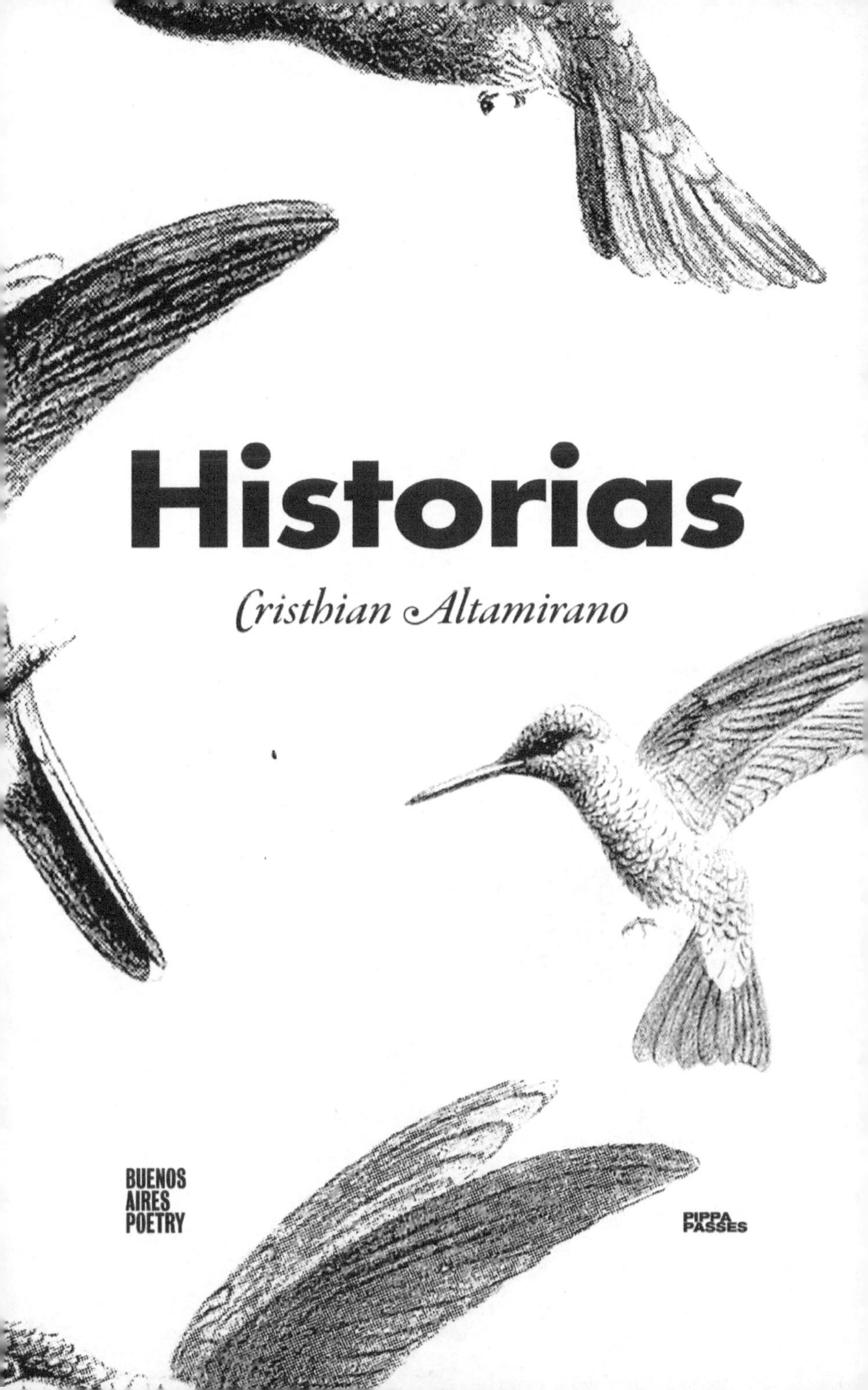

Historias

Cristhian Altamirano

BUENOS AIRES POETRY

PIPPA PASSES

CRISTHIAN ALTAMIRANO
Historias
Buenos Aires Poetry, 2024
80 pp.; 13,34 cm. x 20,32 cm.
ISBN 978-987-8470-93-1
Poesía Perú

Primera edición

Editorial ©Buenos Aires Poetry
Colección ©Pippa Passes
Diseño editorial ©Camila Evia

BUENOS
AIRES
POETRY

BUENOS AIRES POETRY
editorial@buenosairespoetry.com
www.editorialbuenosairespoetry.com

Cristhian Altamirano

HISTORIAS

HISTORIAS DE UN PAÍS AL BORDE DEL PACÍFICO

Historia general de la república

Mi país nació con la cabeza en los pies
y el corazón en las manos.

Dicen los cronistas que los médicos
(mitad argentinos, mitad hispanos)
no le daban más de dos días de vida.
Y es que resultaba imposible que pudiera superar el
|desorden de su genética,
la deformidad de sus órganos impedía su respiración,
no podía caminar porque sus ojos se llenaban de arena
y sus dientes se hacían añicos contra las piedras
cada vez que intentaba hablar.
Era terrible verlo sufrir así,
pero como en la Historia hay proezas,
mi país resistió más de lo pronosticado.

Luego del milagro,
los médicos
(mitad argentinos, mitad venezolanos)
no querían hacerse cargo de lo que llamaban
la Bestia de los Andes,
luchaban entre ellos para no atenderlo.
Así pasó el tiempo,
hasta que un día
de febrero,
mi país saltó por una ventana

y se marchó sin rumbo conocido,
cuando cumplió la mayoría de edad.

Algunos dicen que
anduvo por los burdeles comiendo migajas,
peleando con las ratas por algo de comer.
Otros dicen que se fue a una mina
a buscar oro para decorar sus dientes,
no tenía miedo de la muerte,
solo temía las piedras que caían
anunciando la presencia de riquezas.

Los más ancianos dicen
que mi país fue capturado
por empresarios extranjeros:
yankees e ingleses se pusieron de acuerdo
para atraparlo sin dejar ninguna huella.
Dicen los más ancianos
que lo tienen amarrado
en algún lugar de la cordillera,
los captores cubrieron sus ojos para que no vea
cómo los buitres desgarran sus entrañas
y su boca fue llenada de piedras
para que no dijera ninguna palabra
cuando le arrancaran la piel
so excusa de venderla
en el mercado internacional de especias.

Aunque esta historia parece la más certera,
nadie sabe a ciencia cierta

qué pasó con mi país.
Los cronistas le perdieron el rastro,
los historiadores no pudieron encontrar
algún acta de nacimiento o defunción,
y así como llegó al mundo,
desapareció,
convirtiéndose
en un muerto más de los muertos.

Del día que la Muerte llegó a Lima

Hace no mucho, la Muerte llegó al congreso,
    Llevaba chaleco gris, gomina en el pelo,
    lentes oscurísimos como los que aparecen
    en publicidades de verano,
  y la guadaña escondida en un maletín de seda.
No estaba sola.
Cien guardaespaldas seguían cada uno de sus pasos.
La comitiva, como el póster de una película de gánsteres,
también estaba integrada
por dos funcionarios extranjeros,
un representante de la OEA
y varios congresistas.
El gobierno
—se descubrió años después en un informe de la CIA—
había hecho todo lo posible para que la Muerte llegara a
                                        |Lima
como una forma de distraer a la población
de la crisis económica y el aumento de la gasolina.
Pan y circo, como decían los romanos.
Pero esta vez había mucho circo y el pan era escaso.
La dignidad también era escasa.
Por eso los medios de comunicación,
cual buitres, se prestaron a la farsa.
Hubo transmisiones ininterrumpidas
para mostrar cada segundo del paso de la Muerte por Lima.
Y su presentación en el congreso
fue transmitida con más cámaras que la Final del Mundial.

En el congreso,
la Muerte, ni tonta ni perezosa,
empezó su discurso con loas a favor
de la privatización del agua.
Habló, suelta de huesos, sobre la urgencia
de declarar la cordillera como bien tangible
para la depredación de las transnacionales.
Pidió mano dura contra los opositores del progreso
mientras agitaba los húmeros apolillados.
Y cómo no,
solicitó la intervención norteamericana
para garantizar que el cobre sea destinado
a todo el mundo menos a los peruanos.

Los medios de comunicación,
tal como estaba planificado,
replicaron esos disparates en toda
su programación.
Día — tarde — noche.
Crearon encuestas telefónicas para
influir en la opinión pública.
Así empezó una pugna interna:
los que estaban a favor de la Muerte,
es decir, el dictador y su familia,
y los que consideraban esas palabras
como una oda a la estupidez, una patraña más de la
|dictadura.
Los resultados de las encuestas, para sorpresa de nadie,
anunciados entre bombos y platillos y tecnocumbias y bailarinas
le dieron la razón a la Muerte.

El gobierno, para no desaprovechar la coyuntura,
publicó un boletín extraordinario al día siguiente,
donde se autorizaba la venta de todos los recursos nacionales
a empresas extranjeras.
Y en líneas finales, con letra pequeña,
se agradeció a la Muerte por los servicios brindados
para la pacificación del país.

Mensaje presidencial sobre la poesía

La poesía se rebela.
Huye de mí con furia
antes de llegar a los arrabales.

Escapa deprisa,
corre sin mirar a nadie.

Si la ven,
díganle que no tema.
No habrá represalias,
ni se endilgará responsabilidades.

Acaso pierda un ojo,
acaso algún dedo de la mano,
pero díganle que no tema,
el gobierno solo persigue estudiantes.

¿O es que acaso se está asumiendo culpable
sin que haya una condena?

Capturen a la poesía,
¡ya sea viva o muerta!

Carta de un obrero al señor ministro de economía

Señor ministro de economía,
¿cómo llamar pan al hambre
cuando la ceniza cubre
las tumbas de los suicidas?

¿Cómo llamar libertad a las cadenas?
¿Cómo llamar progreso al dolor?

Nos dicen esclavos de un orden injusto,
pero nosotros no construimos Wall Street,
solo descubrimos el fuego en los acantilados
y le dimos forma para alimentar a nuestros hijos.

Señor ministro de economía,
no nos diga cómo vivir,
no nos diga que debemos sudar más,
resistir más, callar más, morir más,
mientras llena los estómagos de los burócratas.

No nos enseñe de la vida,
a nosotros que trabajamos por diez soles semanales,
que callamos cuando nuestros ojos con rabia hablan,
que decimos cosas que no caben en nuestros cascos
y que seguimos trabajando porque el cielo no está
| reservado para nosotros,
todo se alquila, todo tiene dueño,

y para nosotros no hay un espacio
ni siquiera una silla para descansar
aunque sea un mi
nu
to.

1 de Mayo

Nosotros los más,
con nuestros ojos llenos de rabia,
contemplamos cómo aumenta el precio del pan,
mientras las riquezas de la patria
son confinadas por cuatro señores.

Somos exiliados en nuestra propia tierra,
en donde nos dicen,
por medios oficiales,
que no pertenecemos a ningún lado,
que somos la piedra en el zapato del desarrollo,
que el progreso se mancha con nuestros harapos,
con nuestra forma de pronunciar las vocales.

Somos y no somos,
ese es el detalle,
aunque tenemos documento nacional de identidad
no tenemos los mismos derechos
de los señores que confinan las riquezas de la patria
para su propio provecho.

Y de tanto mirar
el banquete de los pocos
la rabia se ha hecho cordillera.

Y de tanto callar nuestra rabia
nos hemos quedado sin voz.

Pero ya llegará el día
— tenemos la esperanza —
en que volveremos a ser los dueños
de las riquezas de la patria
para provecho de todos.

Ya llegará el día,
pero hoy no es el día
y ya es tarde y llueve.

Huayno

Los ricos visten trajes de París,
comen seis veces al día,
usan los campos, los ríos, las playas,
como extensiones de su propiedad privada,
hacen negocios con los cadáveres de sus muertos,
invierten en la bolsa,
pero no aman,
porque el amor
—según sus palabras—
no tiene precio en el mercado de valores.
No entienden lo que leen,
lo suponen,
solo comprenden
lo que está escrito en inglés,
el idioma de sus añoranzas,
de sus más ingenuas tribulaciones.
Cuando alguien les pregunta
sobre el nombre de su tierra,
repiten "i don't understand,
i don't speak peruvian".
No conocen nada.
Presos de rabia
inventan historias
sobre épicas batallas
para consolar el infortunio
de no haber escuchado nunca
los latidos de su patria.

Odian las matemáticas,
pero defienden, sin dudar,
las estadísticas del Banco Mundial,
los ajustes del FMI
y las tasas de interés acumuladas.
Son los dueños del país,
aunque no conozcan su nombre,
como el carnicero
ante la vaca degollada.

Pedagogía

Desde pequeños se nos impone una sola forma de vivir.
Se nos dice “no hagas esto”
con la intención de moldear
nuestro espíritu.
Sin embargo,
los adultos olvidaron
que el interior de un niño
es una playa luminosa
donde su yo juega junto a otros niños.
No hay padres cerca
pues el gran sueño infantil
es vivir en un mundo propio,
libre del dictamen de los mayores.
En ese instante, sin límites y reglas,
la orilla se convierte en un campo de batalla.
Luchas ideológicas dan paso a la risa;
en el peor de los casos, al llanto.
Pero no pasa nada más.
Los niños no lo saben,
pero van construyendo su espíritu
en la oposición del otro.
Forman el entendimiento cuando el mar
devora sus castillos de arena.
Forman la solidaridad cuando,
agarrados de las manos,
huyen de las olas que se avecinan.
Forman la paciencia cuando resuelven sus disputas

sin llegar a la violencia.
Los adultos no lo recuerdan,
alguna vez fueron niños,
alguna vez construyeron castillos en la arena,
huyeron de las olas, actuaron sin violencia.
No lo recuerdan, pero lo anhelan.
Si alguien vuelve la mirada al interior de un adulto
encontrará una playa devastada por la guerra,
casas destruidas, cero sobrevivientes.
¿Cuándo sucedió esa tragedia?
Nadie lo sabe con certeza,
pero la hipótesis más creíble
es que así queda el espíritu
al acabar la escuela.

Túpac Amaru en el sur

Entre diciembre del 2022 y marzo
del 2023, 49 manifestantes murieron
durante las protestas contra el
gobierno nacional. Hasta el
momento, no hay ningún
condenado por las masacres.

Túpac Amaru apareció en las protestas
contra el gobierno en vísperas de Año Nuevo.
Quienes lo vieron dijeron que vestía un poncho
manchado de tierra.
Cabalgaba una yegua vigorosa
parecida al Huascarán por sus crines
blancas sobre un esbelto lomo de plata.

No dijo palabra cuando llegó.
Solo se puso delante de la masa.
Siendo bandera él, siendo sangre
en la herida de la mañana.

Atrás, cientos, miles, millones de ojos,
y las montañas, gigantes contenidos
por las cadenas de la desesperanza,
lo miraban como al Cristo clavado de una iglesia.

A cada paso que daba, la multitud
callaba esperando el primer
disparo que cortara el aire.
Entonces, las balas surgieron
como el torrente de una presa.

Un torrente que arrasa con árboles,
sembríos y animales.
El sol desapareció.

A la noche,
los medios de comunicación
hablaron sobre el aumento de los alquileres
y los viajes al norte del país
por vacaciones de verano.

"La economía luce saludable",
dijeron, para dar pase a los deportes.

Apurímac

Cielo color asfalto.
Moscas gigantes.
Moscas con metralletas.
Tic tac. 4 de la tarde,
pero el tiempo detenido
como los salarios
de los pobres del Perú.
Las bombas lacrimógenas
caen como gotas de sudor
de un atleta.
Los precios suben.
Ellos matan.

Las leyendas en los Andes dicen
que una montaña puede sostener el cielo,
pero cómo sostener el cielo,
si está encima de nosotros
devorando nuestras entrañas
como un cuervo.

Andahuaylas

De niño aprendí
sobre el canto de los pájaros,
pero jamás se me enseñó
el orden de las cosas:
ellos arriba,
en los cielos;
nosotros abajo,
con las piedras.

Conocí las acrobacias
del verbo y la fuerza
del sustantivo,
pero nadie me dijo
que las palabras
no se reparten
a partes iguales:
las más dulces
para ellos
en los cielos;
las más agrias
para nosotros
en las piedras.

Leí sobre Dios,
sobre la bandera,
sangre y nieve de la cordillera.
Pero nadie me contó

que Dios a veces olvida
que la patria es
casi siempre ajena:
la democracia
para ellos
en los cielos;
la tiranía
para nosotros
junto a las piedras.

Supe que había
que amar al prójimo
sobre todas las cosas,
pero nadie me advirtió
sobre el odio del gobierno,
las bombas lacrimógenas,
los disparos, la muerte negra:
la paz
para ellos
en los cielos;
la represión
para nosotros
debajo de las piedras.

Ayacucho

Estamos volviendo,
estamos volviendo a ser millones,
llegamos a donde siempre hemos pertenecido,
con nuestras costumbres,
con nuestra cara hecha jirones.

Porque somos uno, dos, dos mil, dos millones,
doscientos millones, el planeta entero en actitud de fuego.

Porque gritamos cuando no tenemos voces,
y nuestras voces son más fuertes que las bombas que caen
sobre nuestros cuerpos.

Y nada puede contra nosotros,
ni el peso glaciar de la bala que nos mata
y luego nada, solo silencio, largo silencio,
los ladridos del perro, uno, dos, tres muertos,
y luego nada, solo silencio, largo silencio,
y la muerte, a lo lejos, nos dispara usando chalecos antibalas.

Porque somos uno, dos, dos mil, dos millones,
doscientos millones, el planeta entero en actitud de fuego.

Estamos volviendo,
estamos volviendo a ser el corazón incendiado de nuestra patria.

Chao

Una tarde de diciembre
contemplé a la muerte
en el rostro de mis ancestros
cuando la desesperación cosía
su intestino al hambre.
Ese es el primer recuerdo
que tengo de mi infancia.
En la ribera de aquellos días
arranqué cada escama
que cubría
huesos, músculos, sesos.
Tenía branquias, pero no sabía nadar.
Tenía alas, pero volar era una blasfemia.
Para parecerme a lo establecido
en la constitución, ser un número más del mercado,
reemplacé mis tendones
por cuerdas de guitarra
y escondí mis ojos
en las dunas del desierto.
Mi cuerpo se convirtió entonces en un porcentaje,
arena sobre arena,
piedra golpeando otras piedras.
Así fui creciendo
hasta que una tarde de diciembre
un fascista destrozó mi cabeza
con las balas de su fusil.

No recuerdo qué pasó luego,
pero algunos dicen que sobre mi cuerpo
empezó a llover flores.

Juliaca

De nada sirve callarse
cuando el trueno hace retumbar nuestros cimientos.

En los Andes, el puma ruge,
el cóndor eleva el vuelo para acercarse a la luna.

En los Andes, llueve sobre la bruma
y los niños nacen con tres cuerpos:

Uno para la montaña,
especialmente para el invierno,
época en la que se derrumba el cielo.

Otro cuerpo para sembrar papa, maíz, oca y varios
tubérculos.
Ese cuerpo se nutre de los anhelos de los ríos,
de las manos de sus ancestros.

Finalmente, un cuerpo
hecho de titanio,
moldeado por el fuego,
para resistir el odio del rico,
los disparos del gobierno.

Piura

Ciudad de mis huesos,
de mi agonía.
Alma rota,
herida que no sana.
A todas horas,
luces soberbia mirando un río
que se lame sus propias llagas.
Cuando tu patria te llama,
escondes tus ojos en la arena.
Del silencio hiciste tu lenguaje.
De la cobardía tu arma secreta.
Y a la hora de la ceniza,
cuando la patria cae,
cuando el niño anochece,
en tu voz, en tu voz,
solo surge la gangrena.

Resignación

País arenal.
País que parece un colibrí ardiendo en el aire.
País palabra prohibida.
País sangre.
País
que
no
es
país.

HISTORIAS DE UNA CIUDAD AL BORDE DE UN RÍO

Visión de Piura

Miro la ciudad:
hormiguero
cubierto de humo,
laberinto de tristeza,
buses como niños
van por la autopista
mientras los letreros de neón
repiten publicidades en lengua extranjera.
Un policía pone una multa
en el parabrisas de un auto usado.
Dos ciclistas enamorados
fuman bajo un poste de luz,
hurgándose los corazones.
Cuatro mototaxistas,
como albatros de colores,
hablan de política al lado
de un paradero improvisado.
Los semáforos gritan.
Luces parpadean como
lágrimas del mar
en el horizonte.

La ciudad me mira
con sus ojos tristes,
parece que quisiera llorar.

Temporada de verano

I

Extraña juventud la nuestra:
a esta edad nos crecen los muertos como lirios
y no sabemos si estamos haciendo bien las cosas
porque lo único que tenemos es un espejo
donde no podemos reflejar nuestra sombra,
donde nuestros ojos parecen bloques incendiados
de una pintura de Picasso,
y no hay otra alternativa
que seguir escuchando
cómo cae la lluvia en esta ciudad sedienta.

II

Somos jóvenes.
Lo dice el almanaque chino
que regalan en las carnicerías.
Pero cómo contar los años
si desde pequeños los números
se escapaban de nuestras manos,
como gotas de lluvia.
Entonces crecimos sin saber
la edad de nuestros ancestros
y nuestra propia edad
solo fue el reflejo del río

que cruzábamos
para llegar a la escuela.

III

Un río no es un río
sino tiene un puente
que atraviese su rocío.
Esta ciudad tiene seis puentes,
pero el río no es río todo el año,
solo en algunos meses,
cuando en verano
la lluvia nos recuerda
que estamos vivos.

Historia de la piuranidad

Las rosas no florecen
en el poema.
¿Cómo podría germinar
una rosa en el arenal?
Los que florecen son poetas
que hacen de sus palabras
las espinas necesarias
para dar vida al poema.

Retrato de un oficinista

Soy un oficinista.
Los relojes me asustan.
Cada mañana,
despierto y pienso
en el cubil que me reservó la vida.
Aunque sea parte de mí,
siento que no tiene nada de mi esencia.

Observo las innumerables manchas de café
en el escritorio. Una sobre otra
como errores de un político.
Pienso en las noches que produjeron
esos sorbos. Cuando estaba triste,
bebía presuroso. Cuando la dicha
se atrevía a tocarme, combinaba el
café con un poco de leche y galletas.

¿Qué más se puede pedir
que un poco de leche y galletas?

Tal vez algo más: un poco de amor
para no beber presuroso el café
antes del primer folio de la mañana.
No conocí el amor,
así que lo inventé en los informes.

Soy muy cuidadoso con cada hoja.
Me entrego en cuerpo y alma
para que contengan
las palabras exactas,
los porcentajes precisos
y los números totalmente limpios,
con aroma a lavanda.

A pesar de mis esfuerzos,
mis patrones nunca
supieron mi nombre.
No hubo reconocimientos ni bonos,
solo un silencio largo como una puñalada.

Considero que soy la palabra mal tecleada
de algún folio o el número olvidado de un balance.
Por momentos, siento que no existo.
Por momentos, siento que me odio.

Respiro y pienso. Ya falta poco para salir.
La ciudad empieza a desnudarse
y el bullicio es síntoma de una jornada que termina.
Nuevamente he manchado el escritorio.
¿Ya les he dicho que me asustan los relojes?
Bah, mañana será el mismo día.

Año Nuevo

Hace veinte años que la ciudad
no sabe mi nombre,
y eso es lo menos importante
de los asuntos menos importantes.
En cada calle la desolación crece
como la violencia, la inflación,
y a uno le cuesta vivir sin fragmentarse en el trayecto.
En esa búsqueda desesperada del yo
se puede caer en la locura
como caen los restos de cerveza en las fiestas patronales,
regresar a la tierra,
hecho humus
sin necesidad de estar lleno de gusanos,
pero ser tan pequeño como
un número que no sabe de su peso,
ni de su importancia en el orden de la lluvia.
La belleza de las palabras,
huracán o tormenta de piedras,
se parece al desorden de las esquinas
que explotan en los versos inconclusos
de los poetas que murieron sin desenterrar su voz.
En la avenida Sullana
uno puede reconocer a sus muertos
en los rostros de los obreros
que esperan un bus que los salve
de las garras de la vida,
y a veces se puede correr

y llorar y reír hasta que la tristeza
haga su nido en la mirada,
porque solo basta comprender
que no somos libres,
sino marionetas de un ser superior
que juega a encontrarse,
diariamente,
en las fracturas de nuestros huesos.

Fenómeno de El Niño

Cuando Noé
levantó la mirada
se dio cuenta que lo que decía Dios
iba en serio.

Cronos

De todo lo que tengo,
lo más preciado
es tuyo.
Así como el aire
se esconde en su sombra
para verse pasar. Así,
con la misma parsimonia,
te entrego cada uno de mis horas.
Porque lo más preciado,
de todo lo que tengo,
es el tiempo
en una ciudad donde no existen los relojes.

Temporada de lluvias

La lluvia
en esta ciudad
que se odia
a sí misma
cuando tiene
que mirarse
al espejo
nunca calma
la sed.

La sed
nunca calma
al espejo
que mira
a esta ciudad
odiarse
a sí misma
cuando llega
la lluvia.

De un Jesús que vivió en Piura

¿Eras triste cuando se ausentaba el sol
o tu tristeza te acompañaba
diariamente,
a cada instante,
formaba parte de ti,
de tus manos,
de tus ojos,
de tu piel,
curtida
por la sal del desierto?

Alguna vez
te oí decir que la vida
es lo más parecido a recorrer,
sediento hasta los huesos,
la ribera de un río agonizante.
Yo, menos filosófico, te dije que la vida
es el juego de dados
de un ludópata.
Nunca nos pusimos de acuerdo.

Todos los días,
dabas tus parábolas desde lo alto
del puente San Miguel,
cubierto en túnicas
y periódicos chichas;
y reías,

y tus carcajadas
reemplazaban las campanadas de la catedral,
construida para ti,
levantada a tu nombre.

Una catedral que nunca conociste
porque los altos mandos religiosos,
tal como sucedió en Galilea,
le pusieron precio a tu cabeza,
cuando te atreviste, irreverente tú,
a cuestionar la figura del arzobispo.
Pero eso no te importó,
porque tú eras tu propia iglesia.

También eras un rock star.
Los muchachos te seguían
como hormigas al helado caído.
Algunos te llamaban por tu nombre,
Jesús de Catacaos,
otros solo te decían
hermano, padre, hijo ilustre de la ciudad,
Cristo moreno,
cholo nuestro,
sí, señor.

Convertiste el agua en chicha
y repartiste la tierra con los comuneros,
pero en tus horas tristes,
nadie te entendió
en tu silencio,

nadie comprendió
el chirrido de tus huesos,
nadie te tendió la mano
cuando buscabas un poco de comida,
una cobija,
un abrazo.

Pasado el tiempo, ya nadie te buscaba.
Eras un paria en la ciudad que te coronó cinco veces,
que construyó plazas en tu nombre,
que cantó a tu bendita misericordia.

Recuerdo que cuando fuiste una sombra más de las sombras
leíste ante un grupo de muchachos unos versos de Vallejo,
partiste el pan con tus manos infinitas,
un poco de cañazo endulzó tus últimas palabras
y te echaste a dormir a la espera de la tierra prometida.

Eso fue lo último que supe de ti.

HISTORIAS DE UN HOMBRE AL BORDE DEL SILENCIO

Primera fotografía

El viento me ha traído tu nombre,
y lo guardo entre mis manos,
lo protejo como si de eso dependiera
el llanto de un recién nacido,
el canto de los pueblos,
la juventud de las banderas.

5 poemas para Shely

I

Para conocerte,
inventé un país,
le di un nombre,
pero tú le pusiste las palabras.

II

Vengo de ti,
a ti voy
como la luz al ojo
o el ojo al nervio de lo evidente.
Sin ti no soy más que polvo,
escombros de una noche en guerra,
huesos que deliran en la hoguera
luego del estadillo social.
Si la historia no te nombra,
reconstruiré el cielo,
haré nuevos seres humanos
con el barro de tu costado
e incendiaré los días que restan hasta el Armagedón.
Tu aliento será el fuego de Prometeo
que traerá la vida eterna
antes del derrumbe de las murallas.
No habrá tiempo posible sin tu nombre

porque en tu nombre existo
como el color en todas las criaturas del mundo.

III

Todas las voces humanas
me parecen iguales,
menos tu voz,
frontera de todos los mundos.
Y es que en tu voz habito,
existo; soy forma, materia viviente.
Las delicadas hebras que tejes
al decir mi nombre,
crearme con tu palabra,
me conducen por la ciudad,
donde descubro, a tu lado,
la sustancia de la vida.
La poesía tal vez sea eso:
la silueta de dos cuerpos
que descubren, al nombrarse,
la realidad que los rodea.

IV

Mi amor por ti es una torre de palabras
que crece, crece, crece.
Cada palabra que te digo
da nacimiento a otras palabras

y así en el continuo frenesí de la vida
voy construyendo para ti
lo que solo tus ojos pueden ver,
lo que solo tus labios pueden sentir.
Y así todas las palabras se parecen a ti,
vienen de ti porque tú las inspiras;
y si de pronto dejaras de mirarme,
cada palabra se marchitaría
y el mundo ya no podría hablar.

V

El día de nuestra suerte pronto llegará.
No dudes del azul del cielo
ni de la sangre de tu corazón.
Amor, pronto, muy pronto,
caerán las murallas
de la tempestad.
Ya verás, alza esos ojos,
ponte los labios, que pronto cantarás.
Cantaremos y nuestra voz
fecundará la tierra,
será el nuevo himno
de todas las naciones.
Mi amor, levanta las manos,
cultiva las praderas,
de tu pecho crecerá
el milagro de la vida
como un manantial,

agua bendita,
para nuestros hijos
y los hijos de la eternidad.
Pasarán cien años,
pasará la historia como el viento por la cal,
y aún permaneceremos nosotros,
mirando el mar como quien no sabe nada,
como quien lo sabe todo.

Verano

He quemado todos los espejos del mundo porque ninguno
es capaz de reflejar la exacta dimensión de tu belleza.

Tu belleza que me recibe todos los días como se recibe
las buenas noticias en tiempos de guerra.

Tu belleza,
revolución, mariposa,
rayo de sol a primera hora de la mañana.

Historia del patriarca

Mi abuelo tiene 90 veranos en los ojos
pero luce tan fuerte como el algarrobo
más famoso de nuestro pueblo.
Todos los días, sin falta,
se levanta a las 3 de la mañana
para ponerle voz a los gallos,
mientras ordena la biblia
en dirección al naciente.
Esa vieja costumbre
la heredó de su madre
que a la vez la heredó de su padre
que a la vez la heredó de un esclavo
que llegó a Piura con hambre
y las cicatrices de mil latigazos
en la espalda. Mi abuelo es mangache,
pero tiene el alma cosmopolita
como todo conductor de transporte público.
Cuando habla se puede escuchar a Ezra
en cada palabra que pronuncia con la calidez
y la fuerza de un joven dirigente estudiantil.
Pero mi abuelo en este caso sí sabe de lo que habla.
¿Cómo no sabría de lo que habla
un hombre que ha visto tanto?
Una Guerra Mundial, una Guerra Fría,
una Guerra en Corea, una Guerra en Vietnam,
una Guerra con Ecuador.
Tiene el carácter de todos los hombres de su tiempo.

Hostil en apariencia, como si en su mirada se encontrara
los escombros de un bombardeo o un naufragio,
a veces llora al recordar el calvario de la abuela en el Gólgota.
Esa mujer sencilla, como el agua del río Quiroz,
que le entregó siete hijos y el lado izquierdo del corazón
desde que tenía 15 años.
La abuela murió de un infarto fulminante en 1986
luego de dos operaciones y varias terapias intensivas.
Se desplomó como una hoja de otoño sobre la sala
de la antigua casa donde tiempo después caerían
todos sus nietos y tataranietos
persiguiendo mariposas.
El abuelo no estuvo cerca para escuchar sus últimas palabras.
Se enteró dos horas después, porque en Piura
hasta las malas noticias llegan tarde.
Todo estaba intacto, silencioso como un espasmo,
y una voz le dijo: "Irma ha muerto".
No dijo palabra alguna o eso al menos dicen quienes lo vieron.
Solo se marchó a su cuarto
y ordenó una biblia en dirección al poniente.

Mi padre no tiene quien le escriba

I

Cuando nací,
mi padre se encontraba
a 50 kilómetros al sur de mis ojos.

A los tres días llegó acompañado por la niebla.
Y es que la niebla (lo supe tiempo después)
definía precisamente lo que era su existencia:
tan triste como impredecible.

II

Mi padre
no sabe de matemáticas,
pero entiende cuando
un número debe fragmentarse,
cuando la materia no debe permanecer unida
a otra materia porque eso originaría
la destrucción del mundo.
Por tal razón se marchó en Navidad.
Como todo en los 90,
la relación familiar
estaba destinada al fracaso,
a la ineludible fuerza telúrica del tiempo.

El neoliberalismo en América es así:
la historia de la gente nunca tiene un final feliz.

Madre

Miro los retratos familiares:
Mi madre luce como una buena noticia
en la estufa a las seis de la tarde.
Se cubre de alegría mi memoria
cuando recuerdo sus pasos peregrinos
en busca de los gatos que adornaron mi infancia.
He venido a su encuentro,
como tantas veces,
para encontrarme en su mirada,
para saberme vivo
entre los escombros,
para sentirme árbol entre tanta maleza.
Nuestra antigua casa
ya es solo una fotografía
que mira con esmero.
A veces se entristece
al recordar sus pasos que no condujeron
a ningún lado,
al recordar nuestros gatos
saltando los tejados con polvo de estrellas en los colmillos.
Mi madre, con su lánguida sonrisa
revuelve mis cabellos,
antesala gloriosa del café y las galletas,
que sus manos acaban de ordenar en la mesa
como una ceremonia de agradecimiento a Dios.
Es dulce, bella y dulce como la lluvia,
como una carta de despedida luego de la guerra.

Y cuando habla, hasta el silencio escucha.
Me mira hablar de cualquier cosa y ríe.
Entonces mi corazón se ilumina,
la vida se ilumina.

Sobre el autor

Cristhian Altamirano. (Piura, 1995). Licenciado en Lengua y Literatura por la Universidad Nacional de Piura. Egresado de la maestría en Gestión Educativa por la Universidad Nacional de Piura. Docente y editor, con incursiones en el periodismo y la publicidad. Ha participado de diversos recitales en su ciudad natal y programas culturales.

Noviembre 2024
Buenos Aires Poetry
www.editorialbuenosairespoetry.com

www.ingramcontent.com/pod-product-compliance
Lightning Source LLC
LaVergne TN
LVHW041230150826
845673LV00008B/2344

* 9 7 8 9 8 7 8 4 7 0 9 3 1 *